To My Son

_____

With All My Heart

_____

Dates

_____ TO _____

Letters to my Son

Letters to my Son

Letters to my Son

Letters to my Son

Letters to my Son

Letters to my Son

Letters to my Son

Letters to my Son

Letters to my Son

Letters to my Son

Letters to my Son

Letters to my Son

Letters to my Son

Letters to my Son

Letters to my Son

Letters to my Son

Letters to my Son

Letters to my Son

Letters to my Son

Letters to my Son

Letters to my Son

Letters to my Son

Letters to my Son

Letters to my Son

Letters to my Son

Letters to my Son

Letters to my Son

Letters to my Son

Letters to my Son

Letters to my Son

Letters to my Son

Letters to my Son

Letters to my Son

Letters to my Son

Letters to my Son

Letters to my Son

Letters to my Son

Letters to my Son

Letters to my Son

Letters to my Son

Letters to my Son

Letters to my Son

Letters to my Son

Letters to my Son

Letters to my Son

Letters to my Son

Letters to my Son

Letters to my Son

Letters to my Son

Letters to my Son

Letters to my Son

Letters to my Son

Letters to my Son

Letters to my Son

Letters to my Son

Letters to my Son

Letters to my Son

Letters to my Son

Letters to my Son

Letters to my Son

Letters to my Son

Letters to my Son

Letters to my Son

Letters to my Son

Letters to my Son

Letters to my Son

Letters to my Son

Letters to my Son

Letters to my Son

Letters to my Son

Letters to my Son

Letters to my Son

Letters to my Son

Letters to my Son

Letters to my Son

Letters to my Son

Letters to my Son

Letters to my Son

Letters to my Son

Letters to my Son

Letters to my Son

Letters to my Son

Letters to my Son

Letters to my Son

Letters to my Son

Letters to my Son

Letters to my Son

Letters to my Son

Letters to my Son

Letters to my Son

Letters to my Son

Letters to my Son

Letters to my Son

Letters to my Son

Letters to my Son

Letters to my Son

Letters to my Son

Letters to my Son

Letters to my Son

Letters to my Son

Letters to my Son

Letters to my Son

Letters to my Son

....
....
....
....
....
....
....
....
....
....
....
....
....
....
....
....
....
....
....
....
....
....
....
....

Letters to my Son

Letters to my Son

Letters to my Son

Letters to my Son

Letters to my Son

....

....

....

....

....

....

....

....

....

....

....

....

....

....

....

....

....

....

....

....

....

....

....

....

....

Letters to my Son

Letters to my Son

Letters to my Son

Letters to my Son

Letters to my Son

Letters to my Son

Letters to my Son

Letters to my Son

Letters to my Son

Letters to my Son

Letters to my Son

Letters to my Son

Letters to my Son

Letters to my Son

Letters to my Son

Letters to my Son

Letters to my Son

Letters to my Son